U0931930

靈修著作精選

與潘霍華一同默想主的降生

41天靈修之旅

潘霍華 著
陳永財 譯

基道出版社

▼

靈修著作精選

與潘霍華一同默想主的降生

41天靈修之旅

God Is in the Manger

Reflections on Advent and Christmas

作者
潘霍華 Dietrich Bonhoeffer

英文版編輯
賈納 · 理斯 Jana Riess

譯者
陳永財

責任編輯
文肖玲

裝幀設計
奇文雲海 · 設計顧問

■

出版 / 發行
基道出版社
香港沙田火炭坳背灣街 26 號富騰工業中心 10 樓 1011 室
LOGOS PUBLISHERS
Unit 1011, 10/F, Fo Tan Ind. Centre, 26 Au Pui Wan St., Shatin, Hong Kong
電話：(852) 2687-0331 傳真：(852) 2687-0281
網址：https://www.logos.com.hk

承印
陽光（彩美）印刷有限公司

●

10/2012 初版
Cat. No. LP647A
ISBN: 978-962-457-447-0
Original English Edition "God Is in the Manger"
translated by O. C. Dean Jr.
Published by Westminster John Knox Press

Manfred Weber (Hg.), Dietrich Bonhoeffer.
Original title: *So will ich diese Tage mit euch leben. Dietrich Bonhoeffer. Jahreslesebuch*
Herausgegeben von Manfred Weber

Printed in Hong Kong

經文取自《新標點和合本聖經》，香港聖經公會版權所有，承蒙允許使用。
本書頁 41, 49, 123, 131 圖片由 Sinda Cheng 拍攝及提供，承蒙允許使用，特此鳴謝。

刷次	12	11	10	9	8	7	6	5	4
年份	2030	2029	2028	2027	2026	2025	2024	2023	2022

英文版譯者序

由於潘霍華（Dietrich Bonhoeffer，1906 ～ 1945）寫作時的時代，仍然未流行以包容性的性別用語來寫作，他的著作反映以男性為主導的世界，例如在德語中，「人類」和「上帝」的詞語都是陽性的，男性被理解為指普遍的人。在這方面，我大多根據聖經《新修訂標準譯本》（New Revised Standard Version〔NRSV〕）的做法修改了他的語言；也就是將大部分提到人類的用語變成包括男女兩性，而提到上帝時則仍然沿用陽性。

英文版中引用的大部分聖經引文都選自《新修訂標準譯本》，但有時也需要用《英王詹姆斯譯本》（King James Version〔KJV〕）、《修訂標準譯本》（Revised Standard Version〔RSV〕）或路德德語譯本（Luther's German Version）的直譯，就如潘霍華本身所引用那樣，藉以容許作者提出他的論點。在幾個個別地方，我調整了翻譯，藉以反映《新修訂標準譯本》的用語。

迪安（O. C. Dean, Jr.）

英文版編者序

這本靈修著作收錄了二十世紀其中一位最受人愛戴的神學家潘霍華的每天默想。這些默想特別是為了將臨期和聖誕節而挑選的，在這個時候，通過禮儀年曆，察看潘霍華的信念和教導中所強調的幾個主題：基督最能夠透過軟弱來表達力量，信心比宗教那令人著迷的外表更重要，那些貧窮和沮喪的人往往最清楚聽到上帝的聲音。[1]

雖然潘霍華來自富裕的家庭，但在他寫這本書的大部分內容時，他已經十分熟悉貧窮和沮喪了。希特勒（Adolf Hitler）在一九三三年初取得德國的控制權兩天後，潘霍華在電台發表了一篇講道，在其中他批評新的政權，並警告德國人，「領袖這個觀念」是危險和錯誤的。他在講道結束時說：「那些以為自己是神的領袖，正在嘲笑上帝。」但德國人永遠都聽不到這些最後的話，因為潘霍華的麥克風在中段時已被關掉。[2] 這開始了潘霍華在德國與納粹主義長達十二年的抗爭，他與當局發生衝突，在一九四三年被捕。這本書的很多內容都是他在獄中的兩年裏寫成的。

對潘霍華來說，等候——將臨期的一個主要主題——是戰時生命的一個事實：等候從獄中獲釋；等候能夠每月與年青的未婚妻瑪莉亞·馮·魏德邁（Maria von Wedemeyer）共聚不止一小時；等候戰爭結束。當他不在時，他的朋友和以前的學生死於戰爭中，他父母的家被轟炸；除了禱告和揮動有力的筆桿外，他甚麼都不能做。他的情況是如此的無助，這令他認為這時期是和將臨期平行的，那是基督徒在基督裏等候救贖的時間。潘霍華在一九四三年臨近這節日時寫信給最好的朋友埃伯哈德·貝特格（Eberhard Bethge）說：「生活在監牢裏叫我特別想到將臨期——一個人在等待、期望、虛度光陰，我們所能做的畢竟是有限，因為門已關閉，**從外面**才能開。」[3]

但監獄的大門永遠沒有為潘霍華打開，至少在今生沒有。第三帝國在一九四五年四月倒下時，希特勒下令處決一些密謀推翻他的政治犯。由於不久前他們發現了一些文件，確定潘霍華參與這反納粹陰謀，這位神學家也在希特勒最後的行政指令中被安排處決。[4]

潘霍華在一九四五年四月八日被處以絞刑，剛好是德國開始投降前十天，也是希特勒自殺身亡前三星期。潘霍華當時只有三十九歲。

雖然潘霍華的死（以及本來幾乎可以逃過一死）是可悲的，但我們是幸運的，因為他是多產的作家，他留下了很多講稿、論文、書信和日記，我們可以從中整理出他的神學思想。

怎樣使用這本書

將臨期很少能足四個星期長，實際上每年的將臨期都可能有差別。它總是由聖誕節（十二月二十五日）前的第四個主日開始，但由於每年的聖誕節都在星期中的不同日子，所以將臨期可以從早至十一月二十七日或遲至十二月三日開始。這本靈修書頭四個星期的內容，是假設在最早的日子開始，因此如果將臨期大約在十一月二十七日開始，你在聖誕節前會有整整四個星期的靈修時間。如果你在將臨期較短的一年使用這本書，你可以自由地跳過第一或最後一星期的幾天靈修內容。

將臨期的四個星期靈修內容是根據主題來安排——等候、奧祕、救贖和道成肉身——接著是聖誕節的十二天靈修，從聖誕節那天開始，直到一月五日，剛好在主顯節（編按：或稱顯現節）的禮儀筵席前。這十二天的靈修能標示日期，因為聖誕節的十二天總是始於十二月二十五日，終於一月五日，與將臨期會改變的日子不同。這本書也包括一月六日主顯節的最後默想。

每天的靈修都有來自潘霍華的反思、供默想的聖經和一些額外的材料。額外的材料大部分取自潘霍華自己的書信、講道和詩歌，顯示他在被囚，與家人和他所愛的朋友分離時，他怎樣慶祝聖誕節。重要的是要記著，潘霍華的信念是怎樣在戰爭和抵抗的熔爐中形成，而不是從天上掉下來的；同樣重要的是，要明白他與自己所愛的人是多麼親密地連繫，他不是在真空中存在。他的遺產也是深刻的，所以額外的引文有部分選自一些可以稱為「潘霍華的繼承者」的思想家，一些當代的基督徒作家，好像畢德生（Eugene Peterson）、肖（Luci Shaw）和馬修斯—格林（Frederica Mathewes-Green）等，他們思想一些潘霍華思想過的問題。

目 錄

英文版譯者序　v

英文版編者序　vii

將臨期第一週　等候　1

第 1 天　將臨期是等候的節期　2

第 2 天　等候是一種藝術　4

第 3 天　不是每個人都能夠等候　8

第 4 天　一個不像聖誕節的觀念　12

第 5 天　一把柔和、神祕的聲音　14

第 6 天　靜默：等候上帝的話　18

第 7 天　上帝神聖的現在　22

將臨期第二週　奧祕　27

第 1 天　尊重奧祕　28

第 2 天　愛的奧祕　30

第 3 天　奇妙中的奇妙　34

第 4 天　令敬虔人反感的事　38

第 5 天　馬槽的能力與榮耀　42

第 6 天　上帝的奧祕　46

第 7 天　不能測度的奧祕　50

將臨期第三週　救贖　55

第 1 天　耶穌進入人類的罪咎　56

第 2 天　背負罪咎　58

第 3 天　成為有罪　60

第 4 天　抬頭看，你們得贖的日子近了　62

第 5 天　世界的審判和世界的救贖　66

第 6 天　克服恐懼　70

第 7 天　上帝不想嚇怕人　74

將臨期第四週　道成肉身　77

第 1 天　上帝成為人　78

第 2 天　人所以成為人，因為上帝成為人　80

第 3 天　聖誕節，實現的應許　84

第 4 天　萬物偉大的轉捩點　88

第 5 天　上帝變成孩童　90

第 6 天　不能測度的明智策士　92

第 7 天　成為人的那一位　94

聖誕節的十二天和主顯節　99

12 月 25 日　以上帝的憐憫而活　100

12 月 26 日　和平的偉大國度開始了　104

12 月 27 日　在孩童軟弱的肩頭上　108

12 月 28 日　上帝在哪裏，那裏便有喜樂　112

12 月 29 日　永在的父及和平之君　116

12 月 30 日　我站在祢的搖籃旁邊　120

12 月 31 日　信心是喜樂的確定　124

1 月 1 日　在新一年的開始　128

1 月 2 日　不要為明天憂慮　132

1 月 3 日　每天必須的練習　134

1 月 4 日　凡事都有定期　138

1 月 5 日　每天早上祂都喚醒我　142

1 月 6 日　主顯節　146

註釋　149

經文索引　153

將臨期第一週

等候

第 1 天

將臨期是等候的節期

耶穌站在門外叩門（啟三 20）。真正的事實是，耶穌以衣衫襤褸的乞丐、放縱的孩子**這個**樣式來到，要求幫助。如你遇到的每個人中那樣，祂面對著你。只要有人，基督便會以你鄰舍的身分在地上行走，透過祂，上帝呼召你，向你說話，對你有要求。這就是將臨期的信息，十分重大的嚴肅和十分重大的福氣。基督站在門外；祂在我們當中以人類的樣式生活。你想關上門，還是把門打開？

在這樣近距離的面孔中看到基督，可能令我們感到奇怪，但祂這樣說，那些從嚴肅真實的將臨期信息中退卻的人，不能在心裏談及基督的來到，也不能……

基督在叩門。這還不是聖誕節，這也不是偉大的最後將臨期，基督最後的來到。在我們生命中歡慶的所有將臨期，都有對最後將臨期的渴望，那時的話語是：「看哪，我將一切都更新了！」（啟二十一 5）

將臨期是等候的節期，但我們整個生命都是將臨期節期，也就是等候最後將臨期的節期，等候那時會有的新天新地。

雖然我們周圍一片破落，但我們可以，也應該慶祝聖誕節……我想到你們，你們現在和孩子坐在一起，有各種將臨期的佈置——就好像早年你們與我們一起時那樣。我們必須做這一切，而且更強烈地做，因為我們不知道自己還有多少時間。[1]

潘霍華從泰格爾（Tegel）監獄寄給父母的信

一九四三年十一月二十九日

看哪，我站在門外叩門，若有聽見我聲音就開門的，我要進到他那裏去，我與他，他與我一同坐席。（啟三 20）

第 2 天

等候是一種藝術

歡慶將臨期表示能夠等候。等候是一種藝術，是我們在這不耐煩的時代已經忘記了的事。在這個還未種植完幼苗時便想破開成熟的果實的時代。但很多時候，貪婪的眼睛只是受騙；那些似乎是珍貴的果實，它們裏面還是青澀的，不敬的手忘恩負義地將令他們失望的東西拋掉。誰不明白等候那莊重的祝福——也就是滿懷盼望地甚麼也不做——便永不會經歷實現的圓滿祝福。

那些人，那些並不知道自己怎樣焦慮地掙扎於生命中最深刻的問題裏的人。那些懷著期望，耐性地前瞻，直到事實得到揭示是怎樣的人，他們甚至不能夢想那一刻的光輝，清晰地為他們照亮。那些不想贏得別人的友誼和愛的人——不懷著期望向別人的靈魂開放自己的靈魂，直至友誼和愛到來，直至他們可以進入——對這樣的人，兩個交匯的靈魂連成一個生命那最深刻的祝福，仍然是永遠隱藏的。

為了世界上最偉大、最深刻、最溫柔的事物，就是我們必須等候。它不會在暴風中的這裏發生，而是根據發芽、生長和成形的神聖法則而發生。

至愛的瑪莉亞，如果聖誕節的時候，只有這封信能作為我愛你的記號，為了我，你最好要堅強。我們將損失數個艱難的鐘點——為甚麼我們該向彼此隱瞞？上帝的旨意難以測度，催逼我們的，是這樣的問題：為甚麼在這降臨所有人的黑暗之上，還要我承擔不可理解的別離之苦？要打從心底順服不能領會的事，多困難啊……這一切湧向我們，幾乎無法抵禦，然後聖誕的信息及時來臨，告訴我們，所有的意念都要轉回，所有於我們邪惡晦暗的，都要在真理中成善、成光亮，因為真理從上帝來；我們眼所見的只有邪僻；上帝在馬槽中，貧窮中的富足，夜裏的光，遺棄中的眷顧；給我們的回應毫無惡意，別人為我們所做的，一定也只是服事上帝而已，祂隱蔽在愛中啟

示，治理世界和我們的人生。[2]

自獄中給未婚妻瑪莉亞的信

一九四三年十二月十三日

從耶西的本必發一條；

　　從他根生的枝子必結果實。

耶和華的靈必住在他身上，

　　就是使他有智慧和聰明的靈，

　　謀略和能力的靈，

　　知識和敬畏耶和華的靈。

他必以敬畏耶和華為樂；

　　行審判不憑眼見，

　　斷是非也不憑耳聞；

卻要以公義審判貧窮人。（賽十一 1～4 上）

第 3 天

不是每個人都能夠等候

不是每個人都能夠等候：飽足、滿足或不懂尊重人的人都不能等候。惟一能夠等候的人，是帶著不安的人，以及敬畏地仰望世上那最偉大的。因此，將臨期只可以由那些靈魂裏不平安的人來歡慶，他們知道自己貧窮和不完整，他們稍為感受到那應該要來的偉大，他們在祂面前只能夠謙卑、膽怯地跪下，等到祂——那聖者自己，上帝在馬槽中的孩子——傾身向我們。上帝正在來到；主耶穌正在來到；聖誕節快要來到。歡欣吧，基督教世界！

我想，我們正面臨一個特別美好的聖誕節，正因

為這次要自己禁止所有外在的煩擾，突顯我們本質上是否夠獨立。我從前超級喜歡想禮物、準備禮物，但我們現今不再有任何東西可送，上帝在基督的降生裏為我們準備的禮物，就更加光耀；我們的手頭愈空，就愈能體認，路德生前最後一句話的深意：「我們是乞丐，這是真的。」我們的住處愈是簡陋，就愈容易了解，我們的心應該為基督的殿打造穩固的根基。[3]

給未婚妻瑪莉亞的信

一九四三年十二月一日

耶穌舉目看著門徒，說：

　　你們貧窮的人有福了！

　　因為上帝的國是你們的。

你們飢餓的人有福了！

　　因為你們將要飽足。

　　你們哀哭的人有福了！

　　因為你們將要喜笑。

　　人為人子恨惡你們，拒絕你們，辱罵你們，棄掉你們的名，以為是惡，你們就有福了！當那日，你們要歡喜跳躍，因為你們在天上的賞賜是大的。他們的祖宗先知也是這樣。

但你們富足的人有禍了！

因為你們受過你們的安慰。

你們飽足的人有禍了！

因為你們將要飢餓。

你們喜笑的人有禍了！

因為你們將要哀慟哭泣。

人都說你們好的時候，你們就有禍了！因為他們的祖宗待假先知也是這樣。（路六 20～26）

第 4 天

一個不像聖誕節的觀念

古老的基督教世界談及主耶穌再來時，總是首先想到審判的大日子。雖然這個觀念對我們來說可能顯得不像聖誕節，但它來自早期基督教，必須十分認真看待……上帝的來到真的不單是喜樂的信息，對任何有良心的人來說，它首先是可怕的消息。只有當我們感受到事情的可怕時，我們才能夠認識那不可比擬的恩寵。上帝在邪惡中、在死亡中來到，審判我們裏面和世界裏面的邪惡。而在審判邪惡時，祂愛我們，淨化我們，聖化我們，祂以祂的恩典和愛來到我們這裏。祂令我們快樂，是作為孩子才能夠得到的快樂。

我們是那麼的習慣這個觀念：神聖的愛和上帝在聖誕節來到，以致不再感到上帝的來到應該會在我們裏面引起的恐懼戰兢。我們對那信息漠不關心，只從中取出愉快和怡人的部分，忘記了嚴肅的方面，世界的上帝靠近我們小小的地球上面的人，對我們提出要求。[4]

潘霍華

〈**耶穌來到我們中間**〉（"The Coming of Jesus in Our Midst"）

在伯利恆之野地裏有牧羊的人，夜間按著更次看守羊羣。有主的使者站在他們旁邊，主的榮光四面照著他們；牧羊的人就甚懼怕。那天使對他們說：「不要懼怕！我報給你們大喜的信息，是關乎萬民的；因今天在大衛的城裏，為你們生了救主，就是主基督。你們要看見一個嬰孩，包著布，臥在馬槽裏，那就是記號了。」忽然，有一大隊天兵同那天使讚美上帝說：

在至高之處榮耀歸與上帝！

在地上平安歸與他所喜悅的人！（路二 8～14）

第 5 天

一把柔和、神祕的聲音

在人們最深的罪咎和沮喪中，一把柔和、神祕但充滿拯救和有福的確定的聲音，透過一個神聖孩子的出生說話（賽九6～7）。距離實現的時候還有七百年，但先知是那麼深深地沉浸在上帝的思想和勸告中，以致他談及將來時，好像他已經看見了的一樣；他談及拯救的時刻，好像他已經站在耶穌的馬槽面前崇拜一樣。「因有一嬰孩**為我們**而生。」這是有天會發生的事，在上帝的眼中，這是真實和確定的，那不單是為了拯救將來的世代，也是為了看到這事來到的先知和他的世代，事實上這是為了地上的所有世代。「因有一嬰孩為我們而生。」人的靈是不可以這樣說話的。我們連明年有甚麼事情會發生也不可能知道，又怎能明白到有人可以前瞻多個世紀？那時也不比今天更可讓人看穿。只有上帝的靈包含世界的開端和終結，可以運用這個方式向一個蒙揀選的人啟示將來的奧祕，以致他必須預言，來堅固那些相信的人和警告那些不信的人。這個別的聲音最終進入牧羊人的夜間敬拜（路二15～20），並進入相信基督的羣體的全面歡慶：「因有一嬰孩為我們而生；有一子賜給我們。」

當聽到相信的基督徒那拯救的呼喊：「因有一嬰孩為我們而生；有一子賜給我們」，在我們古老、聰明、有經驗、自信的世界裏，有人會搖頭，或許發出邪惡的笑聲。[5]

潘霍華

因有一嬰孩為我們而生；

　　有一子賜給我們。

　　政權必擔在他的肩頭上；

　　他名稱為「奇妙策士、全能的上帝、永在的父、和

　　　　平的君」。

他的政權與平安必加增無窮。

他必在大衛的寶座上治理他的國，

以公平公義使國堅定穩固，

從今直到永遠。

萬軍之耶和華的熱心必成就這事。（賽九6～7）

第 6 天

靜默：等候上帝的話

在每天最早的時候，我們都該靜默，因為最初的話語應該由上帝說出；在臨睡前我們該靜默，因為最後的話語也屬於上帝。我們只為了那話語而靜默，不是顯示對那話語的不尊重，而是藉此表示尊重，並恰當地接受它。靜默最終表示等候上帝的話語，並且在離開時由上帝的話語所祝福……不過，在那話語面前靜默對整天都會有影響。如果我們學懂在那話語面前靜默，我們也會學懂在整天節約地運用靜默和言語。有一種不獲容許的自我滿足、驕傲、冒犯的靜默。這教導我們，重要的永遠不是靜默本身。基督徒的靜默是聆聽的靜默，是謙卑的靜默。為了謙卑的緣故，這靜默隨時都可以打破。那是與那話語有連繫的靜默……在安靜時，有奇迹般的清晰、淨化能力，將重要的事情連結起來。這純粹是世俗的事實。不過，在那話語面前靜默，引向正確的聆聽，因此也引向在正確的時候，正確地說出上帝的話。很多不需要說的話，是沒需要說的。

今天是紀念主日……過後就是將臨期了，這帶給你和我許多快樂的回憶……生活在監牢裏叫我特別想到將臨期 —— 一個人在等待、期望、虛度光陰，**我們所能做的畢竟是有限，因為門已關閉，從外面**才**能開**。[6]

潘霍華從泰格爾監獄寫給埃伯哈德．貝特格的信

一九四三年十一月二十一日

我的心哪，你當默默無聲，專等候上帝，

　　因為我的盼望是從他而來。

惟獨他是我的磐石，我的拯救；

　　他是我的高臺，我必不動搖。

我的拯救、我的榮耀都在乎上帝；

　　我力量的磐石、我的避難所都在乎上帝。

你們眾民當時時倚靠他，

在他面前傾心吐意；

上帝是我們的避難所。（詩六十二5～8）

第 7 天

上帝神聖的現在

「服事契機。」只有當我們不單考慮世界有它的時間和時刻，我們才會考慮自己的生命有它的時間和上帝的時刻。而在我們生命的這些時間背後，我們可以看見上帝的痕迹；在我們的路徑下面，有永恆最深刻的通道，每一步都帶來永恆安靜的回響時，最深刻的事情才會向我們展現。就是只要我們深入地了解那純淨的時間形式，並在生命中再現它們。那樣，在我們的時間中間，我們也會遇見上帝神聖的現在。「我終身的事在你手中。」（詩三十一15）在你服事自己的時候，上帝就在你的生命中。上帝聖化了你的時間。正確地理解，每個時間對上帝都是即時的，上帝想我們完全成為我們自己……只有那些兩腳站在地上，完全地維持著如孩子般，希望嘗試去到不能到達的高度，感恩地滿足於他們擁有的，緊抓著它——只有他們有人類的全部力量，可以服事契機，因而服事永恆……上帝是這時代的主，基督是這時代的轉捩點，聖靈是這時代的健全心靈。

親愛的爸媽……我不需要告訴你們，我多渴望自由和與你們在一起。但在過去幾十年，你們為我們預備那麼好得無比的聖誕節，我感激地記起這些聖誕節，這已經足以點亮一個黑暗的聖誕。只有這樣的時候，才能夠真正地顯明有過去和內在的遺產，不受機遇和時間的改變影響是甚麼意思。我察覺到一個世紀的屬靈傳統，讓人在面對所有暫時的困難時，確定地感到有保障。我相信那些知道自己擁有這種力量儲備的人，在記起美好和豐富的過去而喚起柔和的感受時，甚至不需要感到羞恥——我認為這些仍然是人類更好和更高貴的感受。那些持守沒有人可以奪去的價值觀的人，這些感受不會淹沒他們。[7]

潘霍華從泰格爾監獄寫給父母的信

一九四三年十二月十七日

我聽見了許多人的讒謗，

四圍都是驚嚇；

他們一同商議攻擊我的時候，

就圖謀要害我的性命。

耶和華啊，我仍舊倚靠你；

　　我說：你是我的上帝。

　　我終身的事在你手中；

求你救我脫離仇敵的手和那些逼迫我的人。

求你使你的臉光照僕人，

　　憑你的慈愛拯救我。（詩三十一 13～16）

將臨期第二週

奧祕

第 1 天

尊重奧祕

現代生活的墮落和貧乏，是因為缺乏了奧祕。人類生命的價值與它對奧祕的尊重相等。我們在多大程度上尊崇奧祕，便在多大程度上保留內裏的孩童。因此，兒童有開放、清醒的眼睛，因為他們知道自己給奧祕圍繞。他們與這個世界還未斷絕關係；他們仍然不知道怎樣能好像我們那樣，與奧祕搏鬥，避開奧祕。我們破壞奧祕，因為我們想成為一切的主，控制一切，而我們是不能這樣對待奧祕的……沒有奧祕地生活，表示對我們自己生命的奧祕一無所知，對別人的奧祕一無所知，對世界的奧祕一無所知；那表示越過我們自己、別人和世界所隱藏了的特性。那表示只停留在表面，只在世界可以供**計算**和**剝削**時才認真看待世界，不超越那計算和剝削的世界。沒有奧祕地生活表示完全看不見生命的重要的過程，甚至否定這些過程。

升天的喜樂——在裏面我們必須變得十分安靜，才能夠聆聽這階段那微小的聲音。喜樂存在於它的安靜和不能理解中。這喜樂實際上是不能理解的，因為能夠理解的永遠不能帶來喜樂。[1]

潘霍華

要叫他們的心得安慰，因愛心互相聯絡，以致豐豐足足在悟性中有充足的信心，使他們真知上帝的奧祕，就是基督；所積蓄的一切智慧知識，都在他裏面藏著。（西二2～3）

第 2 天

愛的奧祕

奧祕仍然是奧祕。它從我們的掌握中退卻。但是，奧祕不單表示不知道一些東西。

最大的奧祕不是最遙遠的星；相反，一些東西愈接近我們，我們愈認識它，它對我們便變得愈神祕。對於我們，最大的奧祕不是最遙遠的人，而是我們身旁的人。別人的奧祕不會因我們愈來愈認識他們而減少。相反，在親近中，他們變得愈來愈神祕。所有奧祕最終的深度，見於當兩個人那麼親近，以致彼此**相愛**時。在世上，人們在這裏最強烈感到奧祕的力量和奇妙。兩個人知道彼此的一切時，他們之間愛的奧祕便變得無限大。只有在這愛中，他們才彼此了解，知道關於彼此的一切，完全認識彼此。他們愈愛彼此，愈在愛中彼此認識，便愈深刻地認識他們的愛的奧祕。因此，對彼此的認識並不消除奧祕，而是令奧祕更深刻。別人與我那麼親近**這事實**，就是最大的奧祕。

聖誕節的一切是由天空開始的，從天而降，為我們所有人，為你，一如為我，再將我們彼此連結起來，比我們能力所及的力量更強韌。[2]

瑪莉亞從帕色（Pätzig）寄給潘霍華的信

一九四三年十二月十九日

我每逢想念你們，就感謝我的上帝；每逢為你們眾人祈求的時候，常是歡歡喜喜地祈求。因為從頭一天直到如今，你們是同心合意地興旺福音。我深信那在你們心裏動了善工的，必成全這工，直到耶穌基督的日子。我為你們眾人有這樣的意念，原是應當的；因你們常在我心裏，無論我是在捆鎖之中，是辯明證實福音的時候，你們都與我一同得恩。我體會基督耶穌的心腸，切切地想念你們眾人；這是上帝可以給我作見證的。我所禱告的，就是要你們的愛心在知識和各樣見識上多而又多，使你們能分別是非，作誠實無過的人，直到基督的日子；並靠著耶穌基督結滿了仁義的果子，叫榮耀稱讚歸與上帝。

弟兄們，我願意你們知道，我所遭遇的事更是叫福

音興旺，以致我受的捆鎖在御營全軍和其餘的人中，已經顯明是為基督的緣故。並且那在主裏的弟兄多半因我受的捆鎖就篤信不疑，越發放膽傳上帝的道，無所懼怕。（腓一 3～14）

第 3 天

奇妙中的奇妙

上帝與人類一起走奇妙的路，但祂不遵從人的意見和觀點。上帝不走人們想為祂定的路；祂的路超越所有理解、自由和自決，超越任何證明。

理性憤憤不平，我們的本性反抗，我們的敬虔焦慮地不讓我們接近的地方；那正是上帝喜歡的地方。在那裏，祂使講理的人的理性混亂；在那裏，祂令我們的本性、我們的敬虔變差——那就是祂想去的地方，沒有人可以阻止祂。只有謙卑的人相信祂，並歡慶上帝那麼的不受約束和令人驚歎，祂在人們絕望時行奇事，將微小卑微的變成奇妙。而這就是奇妙中的奇妙，上帝愛卑微的人……上帝不羞於人類的卑微。上帝走到當中。祂選擇人作為祂的工具，在人們最意想不到時實行祂的奇妙。上帝靠近卑微的人；祂愛失喪、被忽略、不得體、被排擠、軟弱和破碎的人。

那……就是這個世界不明白的奧祕：耶穌基督。這拿撒勒的耶穌，這木匠，本身是榮耀的主：這就是上帝的奧祕。那是奧祕，因為上帝出於對人的愛，變成貧窮、低下、卑微和軟弱，因為上帝變成好像我們的人類，讓我們變成神聖，因為祂來到我們這裏，讓我們可以去到祂那裏。上帝為了我們成為低下的那一位，**上帝在拿撒勒的耶穌裏——這就是那祕密，隱藏的智慧**……是「眼睛未曾看見，耳朵未曾聽見，人心也未曾想到的」(林前二9)……**那是神性的深度，我們以祂為奧祕來敬拜，以祂為奧祕來理解。**[3]

潘霍華

這智慧世上有權有位的人沒有一個知道的，他們若知道，就不把榮耀的主釘在十字架上了。如經上所記：

上帝為愛他的人所預備的

是眼睛未曾看見，

耳朵未曾聽見，

人心也未曾想到的。

只有上帝藉著聖靈向我們顯明了，因為聖靈參透萬事，就是上帝深奧的事也參透了。（林前二8～10）

第 4 天

令敬虔人反感的事

卑微的神—人（God-man），令敬虔的人和一般人反感。這反感是來自祂在歷史上的含糊。對敬虔的人來說，最不能理解的是這個人宣稱祂不單是惟一敬虔的人，也是上帝的兒子。祂的權威在於：「只是我告訴你們」（太五 22）和「你的罪赦了」（太九 2）。如果耶穌的本質被神化，人們會接受這個宣稱。如果祂給予記號，正如人們要求那樣，人們會相信祂。但在真正重要的時候，祂有所保留。這帶來了反感。但一切都有賴這個事實。如果祂透過神蹟回答人們向祂提出，關於基督的問題，這樣「祂成為好像我們的人類」這句話便不再真實，因為在決定性的時候有例外……如果基督以神蹟來證明自己，我們很自然會相信，但這樣基督便不會成為我們的拯救，因為我們不會相信一位成為人的上帝，只承認聲稱的超自然事實。但那不是信心……只有當我放棄可見的證明，我才相信上帝。

國度屬於那些不試圖看起來很好，也不試圖令人留下深刻印象，甚至不試圖令自己留下深刻印象的人。他們不計劃怎樣令人留意自己，不擔心人們會怎樣詮釋他們的行動，也不會去想自己的行為會否得到金星作為獎勵。二十個世紀後，耶穌尖銳地向洋洋自得的苦行者說話，他們受困於屬靈完美主義的致命自戀中，耶穌也對我們這些在葡萄園以自己的勝利自誇，對自己人類的軟弱和品格缺陷感到苦惱和焦慮的人說話。兒童不用掙扎令自己有好的地位，才能夠與上帝建立關係；他不用想出巧妙的方法向耶穌解釋自己的立場；他不用為自己製造一張漂亮的臉；他不用實現任何屬靈感覺或理智上理解的狀況。他需要做的只是快樂地接受曲奇餅，國度的恩賜。[4]

曼寧（Brennan Manning）

《衣衫襤褸的福音》（*The Ragamuffin Gospel*）

我們卻是傳釘十字架的基督，在猶太人為絆腳石，在外邦人為愚拙；但在那蒙召的，無論是猶太人、希臘人，基督總為上帝的能力，上帝的智慧。因上帝的愚拙總比人智慧，上帝的軟弱總比人強壯。（林前一 23 ～ 25）

第 5 天

馬槽的能力與榮耀

對這個世界上有權勢和強大的人來說，只有兩個地方令他們的勇氣不管用，令他們靈魂深處害怕，令他們回避。這兩個地方就是耶穌的馬槽和十字架。沒有有權勢的人敢接近馬槽，甚至包括希律王。在這裏，王座搖動，強者倒下，傑出的人被消滅，因為上帝與卑微的人同在。在這裏，富裕的人一無所有，因為上帝與貧窮的人和飢餓的人同在，卻令富裕的人和飽足的人空手而回。在使女馬利亞面前，在基督的馬槽面前，在卑微的上帝面前，有權勢的人變得無有；他們沒有權力，沒有盼望，他們受到審判……

我們當中誰會正確地慶祝聖誕節？除了馬槽以外的人，誰會最終放下一切能力、一切榮耀、一切名譽、一切自負、一切自大、一切個人主義；保持卑微，惟獨讓上帝高高在上的人；看著馬槽中的嬰孩，正是在祂的卑微中看到上帝榮耀的人。[5]

潘霍華

馬利亞說：

我心尊主為大；

　　我靈以上帝我的救主為樂；

因為他顧念他使女的卑微；

　　從今以後，萬代要稱我有福。

那有權能的，為我成就了大事；

　　他的名為聖。

他憐憫敬畏他的人，

　　直到世世代代。

他用膀臂施展大能；

　　那狂傲的人正心裏妄想就被他趕散了。

他叫有權柄的失位，
　　叫卑賤的升高；
叫飢餓的得飽美食，
　　叫富足的空手回去。
他扶助了他的僕人以色列，

為要記念亞伯拉罕和他的後裔，
施憐憫直到永遠，
正如從前對我們列祖所說的話。（路一 46～55）

第 6 天

上帝的奧祕

沒有牧師，沒有神學家站在伯利恆的馬槽旁。但所有基督教神學都源於一切奇妙中的奇妙：上帝成為人。神聖的神學源自向神聖小孩的奧祕下跪的膝頭。沒有神聖的夜晚，便沒有神學。「上帝在肉身顯現」神—人耶穌基督——就是那神聖的奧祕，就是神學要保護和保存的。當我們以為神學的任務是解開上帝的奧祕，將這奧祕拉到人類經驗和平凡的理性、普通的智慧時，這代表我們完全不明白！神學的惟一任務是保存那奇迹作為奇迹，將上帝的奧祕當為奧祕來理解、辯護和尊崇。因此，初期教會從沒有動搖對這奧祕的熱誠，處理三一和耶穌基督位格的奧祕時，正是這個意思……如果聖誕節不能在我們裏面燃起好像對神聖的神學的愛好，那麼，神聖奧祕的光輝一定已經在我們心裏熄滅，消失了。讓我們——受到上帝的兒子的馬槽那奇妙捕捉和推動——必須敬畏地思想上帝的奧祕。

驚歎是惟一能充分地探討人類生命的圓滿和整全的發射台。一年一次，每個聖誕節，至少有幾天，我們和數以百萬計的鄰舍轉離對化約為生物學或經濟學或心理學的生命的專注，一起加入驚歎的羣體。那驚歎令我們掙開眼，懷著期望，意識到那總是超過我們能夠解釋，總是超過我們的計算，總是超過我們能夠製造的生命。[6]

畢德生

眾天使離開他們，升天去了。牧羊的人彼此說：「我們往伯利恆去，看看所成的事，就是主所指示我們的。」他們急忙去了，就尋見馬利亞和約瑟，又有那嬰孩臥在馬槽裏；既然看見，就把天使論這孩子的話傳開了。凡聽見的，就詫異牧羊之人對他們所說的話。馬利亞卻把這一切的事存在心裏，反覆思想。牧羊的

人回去了，因所聽見所看見的一切事，正如天使向他們所說的，就歸榮耀與上帝，讚美他。（路二 15～20）

第 7 天

不能測度的奧祕

在不能理解地將所有正義和敬虔的思想逆轉時，上帝向世界宣告自己有罪，從而消滅世界的罪咎。上帝自己走和好這羞辱的路，從而令世界自由。上帝想要我們的罪咎，並獨自承受這罪咎帶給我們的懲罰和苦難。上帝代替不敬虔，愛代替憎恨，聖潔的一位代替罪人。現在不再有任何不敬虔、任何憎恨、任何罪，是上帝沒有承受、忍受和代贖的。現在再沒有現實、再沒有世界，是沒有與上帝和好，不處於和平之中的。這就是上帝在祂愛子耶穌基督裏所做的事情。「看，這個人」（*Ecce homo*）——看道成肉身的上帝，上帝對世界那不能測度的奧祕的愛。上帝愛人類；上帝愛世界——不是理想的人類，而是按人類的本性愛人類；不是理想的世界，而是愛現實的世界。

我們預備見證奧祕。更準確的是，我們預備見證**那**奧祕——**上帝成為肉身**。雖然我們試圖認識那聖者是好的，但假設我們能夠完成這任務，假設除了祂**讓我們知道的事情**外，我們對祂可以有甚麼其他認識，卻很可能是不大好的。先知以賽亞幫助我們記得我們的限制，他寫道：「那聖者説……你們將誰與我相比……？」這樣想吧：我們所持關於祂的觀念並不能完全描述祂，但祂卻是人們提出的一切。祂不能被理解，但卻可以被觸摸。祂以肉身來到——我們預備再一瞥的這奧祕——確定祂要被觸摸。[7]

凱恩斯（Scott Cairns）

你們究竟將誰比上帝，

　　用甚麼形像與上帝比較呢？

你們豈不曾知道嗎？

　　你們豈不曾聽見嗎？

　　從起初豈沒有人告訴你們嗎？

　　自從立地的根基，

　　你們豈沒有明白嗎？
上帝坐在地球大圈之上；
　　地上的居民好像蝗蟲。
他鋪張穹蒼如幔子，
　　展開諸天如可住的帳棚。
他使君王歸於虛無，
　　使地上的審判官成為虛空。（賽四十 18、21～23）

將臨期第三週

救贖

第 1 天

耶穌進入人類的罪咎

耶穌不想犧牲人類，令自己成為惟一完美的人。祂不想作為惟一無罪的人，忽略那被罪咎破壞的人性；祂不希望某些人類理想，征服那殘破人性的墮落。因著對真實的人的愛，令祂進入人類罪咎的團契中。耶穌不想讓自己免受罪咎，而祂所愛的人卻正活在這罪咎中。祂的愛，令祂不會讓人們（真實的人）獨自在罪咎中。因此為了代替人的責任，也為了對真實的人的愛，耶穌成為背負罪咎的那一位——事實上，人類所有罪咎最終都落在祂身上，但祂沒有拋開這罪咎，而是以謙卑和永恆的愛來承受它。作為飾演對人類的歷史存在負責的那一位，耶穌進入永恆實在的人類中，成為有罪的人。但由於祂的歷史存在，即祂的道成肉身，是上帝對人類的愛的惟一基礎，所以那是上帝的愛，令耶穌成為有罪的。出於對人類無私的愛，耶穌離開那無罪的狀態，進入人類的罪咎中。祂把罪背負在自己身上。

我們會隱藏一些事情。我們有祕密、擔心、思想、盼望、慾望、激情，是其他人不知道的。當人們提出接近這些領域的問題時，我們便很敏感。現在，在違反一切得體的規則下，聖經要說出真理：最終我們會帶著自己以前和現在的一切來到基督面前……我們都知道，我們可以在任何人間的法庭上證明自己是無罪的，但在祂這個法庭上，我們卻不能夠這樣做。主啊，誰可以證明自己是無罪的呢？[1]

潘霍華關於悔改的講道

一九三三年十一月十九日主日

因為我們眾人必要在基督臺前顯露出來，叫各人按著本身所行的，或善或惡受報。（林後五 10）

第 2 天

背負罪咎

由於對耶穌來説，重要的不是宣告和實現新的倫理理想，也不是宣告和實現祂自己的良善（太十九17），而只是宣告和實現祂對真實的人類的愛，祂可以進入他們的罪咎中與他們溝通，祂可以背負他們的罪咎……惟獨祂的愛讓祂變為有罪。出於祂無私的愛，出於祂無罪的本性，耶穌進入人類的罪咎；祂把罪咎背負在自己身上。無罪的本性和背負的罪咎，在祂裏面不能分離地連在一起。身為無罪的那一位，耶穌背負罪咎，在這罪咎的重壓下，祂顯示祂是無罪的那一位。

主耶穌，請祢來，與我們一起棲居，成為好像我們的人，克服令我們懾服的事情。請祢進入我的邪惡之中，走近我的不信。分擔我的罪，這罪是我恨惡但卻不能離開的。請祢成為我兄長，祢這位神聖的上帝。在邪惡、受苦和死亡的國度中成為我兄長。[2]

將臨期主日的講道

一九二八年十二月二日

有一個人來見耶穌，說：「夫子，我該做甚麼善事才能得永生？」耶穌對他說：「你為甚麼以善事問我呢？只有一位是善的。你若要進入永生，就當遵守誡命。」他說：「甚麼誡命？」耶穌說：「就是不可殺人；不可姦淫；不可偷盜；不可作假見證；當孝敬父母；又當愛人如己。」（太十九16～19）

第 3 天

成為有罪

由於耶穌背負所有人的罪咎。每個人，即使那飾演負責任的人都變成有罪。那些想脫離這罪咎的責任的人，也脫離人類存在的終極現實。而且，他們也脫離耶穌基督無罪地背負罪咎的救贖奧祕，不能分享包含這事件的神聖稱義。他們以自己個人的無罪，把他們自己放在對人類的責任之上，無視他們這樣把那不能醫治的罪咎加諸自己身上。他們也無視那事實——為了別人，真正無罪的進入了他們的罪咎中，與他們團契，並在這現實中啟示。透過耶穌基督，負責任的行動的本質（包括無罪、無私的愛的觀念）變成有罪。

在八天後，我們會歡慶聖誕節，現在讓我們令它真正成為基督在我們世界中的節日……我們每年歡慶聖誕節，但卻不認真看待它，這對上帝不是無關重要的事情。祂的話有效而且確定。當祂在祂的榮耀和能力中進入馬槽裏，來到世界時，會將有能力的從寶座上拉下來，除非最終、最終他們悔改。[3]

將臨期第三個主日在倫敦（London）一間教會的講道

一九三三年十二月十七日

耶和華說：

你們來，我們彼此辯論。

你們的罪雖像硃紅，必變成雪白；

雖紅如丹顏，必白如羊毛。（賽一18）

第 4 天

抬頭看，你們得贖的日子近了

讓我們不要欺騙自己。「你們得贖的日子近了。」（路二十一 28）不論我們知道與否，惟一的問題是：我們會讓它來到我們這裏？還是會抵擋它？我們會加入這從天上來到地上的運動？還是會把自己封閉起來？聖誕節快將來到——究竟它是與我們一起，還是不與我們一起，這就要視乎我們自己了。

真正的將臨期發生，是創造一些不同的東西，是與我們一再看見、一再想可令基督教變得可鄙的那種焦慮、小器、沮喪、薄弱的基督教精神不同的。這從引入經文的兩個有力的命令可以清楚看到：「你們就當挺身昂首。」（路二十一 28）將臨期創造人，新人。我們在將臨期也要變成新人。你們這些凝視地上，被地上小小的事件和改變嚇得目瞪口呆的人，抬頭看吧。

你們這些在失望中轉離天上的人，抬頭看這些話吧。你們這些眼中飽含淚水、心情沉重，因為大地無情地撕裂我們而哭泣的人，抬頭看吧。你們這些被罪咎重壓，不能抬起眼的人，抬頭看吧。抬頭看吧，你們得贖的日子近了。與你每天看到的事情不同的事情會發生。要留意，要警醒，只需等候一段短時間。等候，一些頗為新的事情會突然臨到你們：上帝會來到。

你知道礦難是甚麼來的。在最近幾星期，我們在報章中讀到一個礦難。

即使最勇敢的礦工，也害怕在他一生中有這時刻的來到。走到牆邊也沒有用；他周圍仍是一片寂靜⋯⋯出路被封鎖了。他知道上面的人努力地工作，要接觸被活埋的礦工。或許有人會得救，但他在這最後的一個礦井，他能夠得救嗎？留下的只有等候和死亡的時刻，實在令人痛苦。

但突然間，他聽到一些聲音，好像敲打和擊碎大石。意想不到地，有聲音呼喊說：「你在哪裏？救援快來到了！」接著沮喪的礦工重新振作起來，他心裏雀躍，他呼喊說：「我在這裏，過來幫助我吧！我會堅持

到你們來到！要快點來！」鐵鎚最後絕望的一擊傳到他耳邊，現在拯救近了，還有一步，他便自由了。

我們談及將臨期本身。基督的來臨就是這樣：「你們就當挺身昂首，因為你們得贖的日子近了。」[4]

潘霍華在倫敦一間教會的將臨期講道

一九三三年十二月三日

一有這些事，你們就當挺身昂首，因為你們得贖的日子近了。（路二十一 28）

第 5 天

世界的審判和世界的救贖

上帝想自己在伯利恆的馬槽中來到世界，上帝揀選了馬利亞作為中介時，這不是田園詩一般的家庭事務，而是一個完全逆轉的開始，地上萬物的全新秩序。如果我們想參與這將臨期和聖誕節事件，我們不能好像劇院中的觀眾那樣坐著，享受所有友善的圖畫。相反，我們必須加入那正在進行的行動，進入這萬物的逆轉中。在這裏，我們也必須在舞台上演出，因為在這裏，觀眾總是戲劇中的演員。我們不能脫離那行動。

那麼，我們與誰一起演出？跪在地上的敬虔牧羊人？帶來禮物的君王？這裏有甚麼事情發生？馬利亞成了上帝的母親，上帝在卑微的馬槽裏來到世界。世界的審判和世界的救贖——就是在這裏發生的事情。

是馬槽中的孩童基督，祂審判和救贖世界。祂將在高位的和強大的推向後；祂推翻權能者的寶座；祂令傲慢的降卑；祂的手臂向所有在高位和強大的人行使權力；祂將卑微的升高，令卑微的在祂的憐憫中變得尊大和榮耀。

靠緊你，我在深夜中醒來，
吃了一驚——我再次失去你嗎？
我總是徒然地尋找你，你，我的過去嗎？
我伸出雙手，
禱告——
我現在聽到一件新事；
「過去會再次來到你這裏，
成為你生命持久的部分，
透過感謝和悔罪。
在過去感受上帝的釋放和良善，
祈求祂今天和明天保守你。」[5]

在泰格爾監獄寫的詩
一九四四年

上帝愛世人，甚至將他的獨生子賜給他們，叫一切信他的，不至滅亡，反得永生。因為上帝差他的兒子降世，不是要定世人的罪，乃是要叫世人因他得救。信他的人，不被定罪；不信的人，罪已經定了，因為他不信上帝獨生子的名。光來到世間，世人因自

己的行為是惡的，不愛光，倒愛黑暗，定他們的罪就是在此。凡作惡的便恨光，並不來就光，恐怕他的行為受責備。但行真理的必來就光，要顯明他所行的是靠上帝而行。（約三 16～21）

第 6 天

克服恐懼

人類因為恐懼而失去人性……但他們不應該害怕。我們不應該害怕！這就是人類和其他受造物之間的分別，在所有無望、不確定和罪咎中，他們知道有盼望，而這盼望是：願祢的旨意成就。是的。願祢的旨意成就……我們求告那一位的名，在祂面前，我們裏面的邪惡畏縮；在祂面前，恐懼和焦慮本身必須感到害怕；在祂面前，它們震動逃跑；那惟獨祂可以征服恐懼的一位的名，捕捉恐懼，在勝利巡行中帶走恐懼，將它釘在十字架上，令它化為無有；是人類得勝時呼喊的那一位的名，將人類從死亡的恐懼中救贖出來——耶穌基督，被釘十字架和活著的那一位。惟獨祂是恐懼的主；它知道祂是它的主，只順從祂。因此，在你的恐懼中仰望祂。想到祂，將祂放在你面前，呼喚祂。向祂祈禱，相信祂現在與你同在，幫助你。恐懼便會屈從和消失，透過相信強大和活著的救主耶穌基督，你會變得自由（太八23～27）。

只有當我們感受到事情的可怕時，我們才能夠看到那無可比擬的仁慈。上帝來到邪惡和死亡中間，審判我們裏面和世上的邪惡。而藉著審判我們，上帝清理和潔淨我們，以恩典和愛來到我們這裏……上帝總是與我們同在，無論我們可能在哪裏——在我們的罪中，受苦，和死亡。我們不再孤單；上帝與我們同在。[6]

潘霍華

〈耶穌來到我們中間〉

耶穌上了船，門徒跟著他。海裏忽然起了暴風，甚至船被波浪掩蓋；耶穌卻睡著了。門徒來叫醒了他，說：「主啊，救我們，我們喪命啦！」耶穌說：「你們這小信的人哪，為甚麼膽怯呢？」於是起來，斥責風和海，風和海就大大地平靜了。眾人希奇，說：「這是怎樣的人？連風和海也聽從他了！」（太八 23～27）

第 7 天

上帝不想嚇怕人

聖經從不想令我們害怕。上帝不想人們害怕——甚至是不想他們害怕最後審判。祂想讓人類知道一切，讓他們知道關於生命和它的意義的一切。祂甚至讓人們知道今天，以致他們已經可以開放地，並根據最後審判而活出自己的生命。祂讓我們知道，只是為了一個原因：我們可以找到通往耶穌基督的路，以致可以離開自己邪惡的道路，嘗試找到祂——耶穌基督。上帝不想嚇怕人。祂給我們審判的話，只是要讓我們更熱誠地、更熱切地接觸恩典的應許，讓我們知道，我們靠自己的力量，在上帝面前是不能佔優的。在祂面前，我們會過去，但雖然祂有一切，祂不想我們死亡，而想我們擁有生命……基督審判，恩典就是審判官、饒恕和愛——誰抓著祂，誰就已經得到自由。

悔改表示轉離自己的工作，轉向上帝的憐憫。整本聖經都呼喚我們，向我們歡呼：回轉，回轉！回來——去哪裏？去上帝永恆的恩典，祂不離開我們……上帝會充滿憐憫——因此來吧，審判日！主耶穌，令我們預備好。我們歡欣。阿們。[7]

潘霍華悔改主日的講道

一九三三年十一月十九日

從那時候，耶穌就傳起道來，說：「天國近了，你們應當悔改！」（太四 17）

將臨期第四週

道成肉身

第 1 天

上帝成為人

上帝成為人，真正的人。我們努力超越自己的人性，將人類的本性留在後面，但上帝卻成為人，以及我們必須知道，上帝也想我們成為人——真正的人。我們區分敬虔和不敬虔，良善和邪惡，高貴和平凡；但上帝卻不加區分地愛真正的人類⋯⋯上帝站在真正的人類和真正的世界那邊，對抗所有指控他們的⋯⋯但說上帝照顧人類，這是並不足夠的。這句話倚靠著一些無限的、更深刻和更能夠穿透的東西，也就是指在耶穌基督的成孕和出生中，上帝以身體的形式取得人性。上帝藉著自己進入人類的生命，成為人類，以身體取得和背負人類的本性、本質、罪咎和苦難，將祂對人類的愛提升到一切對虛假的責備、懷疑和不確定之上。出於對人類的愛，上帝成為人類。祂不尋找最完美的人，藉以和那人聯合。相反，祂按人類的本性取得人類的本性。

這是關於一個孩童的出生，不是一個強壯的人的驚人工作，不是一個聰明的人的大膽發現，不是聖人的敬虔工作。它真的超越我們所有理解：一個孩童的出生會帶來重大改變，會帶給所有人拯救和解救。[1]

〈政權擔在孩童肩頭〉

（“The Government upon the Shoulders of a Child”）

一九四〇年聖誕節

太初有道，道與上帝同在，道就是上帝。這道太初與上帝同在。萬物是藉著他造的；凡被造的，沒有一樣不是藉著他造的。生命在他裏頭，這生命就是人的光。光照在黑暗裏，黑暗卻不接受光。（約一1～5）

第 2 天

人所以成為人，因為上帝成為人

耶穌基督取了人類的模樣。人類不會自行取得獨立的形象。確切地說，是耶穌基督給他們形象，保持他們新的形象。因此那不是模仿，不是重複祂的形象，而是他們自己的形象在人類中成形。人不是轉化成一個他們陌生的形象，不是轉化成上帝的形象，而是轉化成自己的形象，一個屬於他們的，是他們必須有的形象。人成為人，因為上帝成為人；但人不會成為上帝。他們以前和現在都不能在他們的形象中帶來那改變，但上帝自己將自己的形象變成人，讓人——雖然沒有變成上帝——可以變成人。

在基督裏，人類在上帝面前的形象被重新創造。那不是關乎地方、時間、氣候、種族、個人、社會、宗教或品味，而是關乎人類的生命本身，它在基督裏看到它的形象和盼望。在基督身上發生的事情也在人類身上發生。

整個基督教故事都是奇怪的。布赫納（Frederick Buechner）描述道成肉身為「一個巨大的笑話，地極的創造主穿著尿布來到我們中間」。他總結說：「除非我們足夠認真地對待神—人這個觀念，以致對它反感；否則我們沒有好像它要求那樣認真地對待它。」

但我們好像孩子那樣認真地對待這個觀念。美國在靈性上並不是完全統一的，但我們文化的巨大背景是基督教，對我們大部分人來說，它都是我們最早認識的信仰。「神—人觀念」並不令人反感或陌生，它就如那年代在燕麥上的牛奶和牛油般普通。在那時代，很多事情都是古怪的，雖然大部分都是可以感知的。在一堆稻草裏，有一個被上帝充滿的嬰孩，這是一個讓人喜歡的意象，但它與聖誕老人的到訪這令人心跳停止的歡樂相比，卻有點理論化。風暴劃破黑夜的天空、爸爸勇敢地駕駛著汽車飛馳、對冰淇淋的痴迷——遙遠的道成肉身怎能與這些相比？

我們與耶穌的故事一起成長，直到我們長大到不

再需要它。我們最後一天離開主日學，也可能是我們認真地看待這信仰的最後一天。[2]

馬修斯—格林

《在東面的角落和現在》（*At the Corner of East and Now*）

我作孩子的時候，話語像孩子，心思像孩子，意念像孩子，既成了人，就把孩子的事丟棄了。我們如今彷彿對著鏡子觀看，模糊不清，到那時就要面對面了。我如今所知道的有限，到那時就全知道，如同主知道我一樣。（林前十三 11～12）

第 3 天

聖誕節，實現的應許

摩西死在山上，上帝容許他從那裏離遠地觀看應許地（申三十二 48～52）。聖經談及上帝的應許時，那是生死攸關的事情……報告這古老歷史的語言是明確的。任何見過上帝的人都必定死亡；罪人在上帝的應許面前死去。讓我們在那麼接近聖誕節時，明白這對我們是甚麼意思。上帝偉大的應許——比應許地的應許無限重要得多——要在聖誕節實現……聖經裏充滿著一個宣告，上帝的行動開展如偉大的奇迹，當中沒有任何人的參與……發生了甚麼事？上帝看見世界的悲慘，並親自來施以援手。現在祂在那裏，不是作為大能者，而是在人類的隱蔽中，在那裏有世界的罪、軟弱、破碎和悲慘。那就是上帝去的地方，在那裏祂讓每個人找到祂。這宣告在世界裏重新開動，一年復一年，今天也再次來到我們這裏。

我們來到聖誕節時，都有不同的個人感覺。有人前瞻這歡欣，更新友誼，更新愛的日子時，懷著純粹的喜樂……一些人期待在聖誕樹下的和平時刻，這是脫離日常工作壓力的和平……一些人十分恐懼地接近聖誕節。這對他們來說不會是喜樂的節日。對那些在聖誕節會加深了自己的孤單的人來說，他們的哀傷在這天特別痛苦……雖然有這一切，聖誕節來到。無論我們想不想，無論我們是否肯定，我們都必須再次聽到那話：救主基督在這裏！基督來拯救的世界是我們墮落和失喪的世界。沒有其他。[3]

在古巴（Cuba）夏灣拿（Havana）德語教會的講道

一九三〇年十二月二十一日

到了第六個月，天使加百列奉上帝的差遣往加利利的一座城去，到一個童女那裏，是已經許配大衛家的一個人，名叫約瑟。童女的名字叫馬利亞；天使進

去，對她說：「蒙大恩的女子，我問你安，主和你同在了！」馬利亞因這話就很驚慌，又反覆思想這樣問安是甚麼意思。天使對她說：「馬利亞，不要怕！你在上帝面前已經蒙恩了。你要懷孕生子，可以給他起名叫耶穌。他要為大，稱為至高者的兒子；主上帝要把他祖大衛的位給他。他要作雅各家的王，直到永遠；他的國也沒有窮盡。」（路一 26 ～ 33）

第 4 天

萬物偉大的轉捩點

列國的君王和領袖、哲學家和藝術家、宗教的創辦人和道德教師徒然地嘗試的事情——現在透過一個新生孩童發生了。對人類最強大的努力和成就的羞辱，是把一個孩童放在世界歷史的中心——一個人類的孩童出生，一個上帝所賜的兒子（賽九6）。這是救贖世界的奧祕；過去的一切和將來的一切都包含在這裏。全能上帝的無限憐憫來到我們這裏，以孩童、祂的兒子的形式降臨到我們這裏。這孩子**為我們**而生，這兒子賜**給我們**，這人類孩子和上帝的兒子屬於我，我認識祂，擁有祂，愛祂，我是祂的，祂是我的——我孤單的生命現在單倚靠這一點。一個孩童手中有我們的生命……

我們要怎樣對待這樣的孩子？我們雙手會否因為日常的勞苦而髒了，變得太硬和太自負，以致不能在看見這個孩童時合起來禱告？我們的頭腦會否充滿太多嚴肅的思想……以致在看到這孩童的奇妙時不能謙卑地垂下頭？我們能否忘記我們的一切壓力和掙扎，能否不要感到自己重要，好像牧羊人和東方的智者那樣，好像孩子一樣跪在馬槽裏神聖的孩童面前，敬拜一次嗎？[4]

〈政權擔在孩童肩頭〉

一九四〇年聖誕節

既是這樣，還有甚麼説的呢？上帝若幫助我們，誰能敵擋我們呢？上帝既不愛惜自己的兒子，為我們眾人捨了，豈不也把萬物和他一同白白地賜給我們嗎？誰能控告上帝所揀選的人呢？有上帝稱他們為義了。誰能定他們的罪呢？有基督耶穌已經死了，而且從死裏復活，現今在上帝的右邊，也替我們祈求。（羅八 31 ～ 34）

第 5 天

上帝變成孩童

這孩童的名字是「全能的上帝」(賽九6)。馬槽中的孩童就是上帝自己。不能說更偉大的話：上帝變成孩童。在馬利亞裏的孩童耶穌，祂是活著的全能上帝。且慢！不要說話；停止思想！在這句話前站住！上帝變成孩童！祂在這裏，好像我們一樣貧窮，好像我們一樣悲慘和無助，好像我們一樣是有血有肉的人，是我們的兄弟。但祂是上帝；祂是大能。神性在哪裏？孩童的大能在哪裏？在神聖的愛中祂成了好像我們的人。祂在馬槽中的貧窮是祂的大能。在愛的大能中，祂克服上帝和人之間的鴻溝，祂克服罪和死亡，祂赦免罪，並從死亡中喚醒。跪在這悲慘的馬槽前，跪在這窮人的孩子前，懷著信心結結巴巴地重複先知的話：「全能的上帝！」祂會成為你的上帝和你的大能。

現在，事實是在三天內，聖誕節會再次來臨。那偉大轉化會再次發生。上帝會要它這樣。超越那等候、盼望、渴望的世界，上帝所應許的世界會來到。所有哭泣都會停止。再沒有眼淚流出。沒有孤獨的哀傷會再加害或威脅我們。[5]

在古巴夏灣拿德語教會的講道

一九三〇年十二月二十一日

道成了肉身，住在我們中間，充充滿滿地有恩典有真理。我們也見過他的榮光，正是父獨生子的榮光。（約一 **14**）

第 6 天

不能測度的明智策士

這孩童的名字是「奇妙策士」(賽九6)。在祂裏面，奇妙中的奇妙發生了；救主—孩童的出生來自上帝永恆的計策。以人類孩童的樣式，上帝賜給我們祂的兒子；上帝成為人，道成了肉身(約一14)。這就是上帝對我們的愛的奇妙，為我們贏得這愛，拯救我們的就是那位不能測度的明智策士。但由於上帝這孩子是祂自己的奇妙策士，祂自己也是一切奇妙和一切計策的來源。對那些在耶穌裏看見上帝兒子的奇妙的人，祂的所有言語行為都成了奇妙；他們在祂裏面找到對所有需要和問題的最終、最深刻、最有幫助的意見。是的，在這孩童能夠開口前，祂就是充滿奇妙和計策。到馬槽中的孩童那裏去。相信祂是上帝的兒子，你在祂裏面會發現奇妙中的奇妙，計策中的計策。

在冬天時，春天似乎永遠不會來到；在將臨期和大齋期，等候神聖的應許和它的實現之間是艱難的……我們大部分人都發覺自己在這空隙中懸望，在這間隙中可能似乎是浪費時間……但「我們等得愈久，我們便變得愈大，我們的期望便愈喜樂」。有這種動機，我們可以感到上帝實在**與我們同在**，在我們裏面工作，就好像祂在馬利亞裏面成長的嬰孩，與她一起等候一樣。[6]

詩人，肖

及至時候滿足，上帝就差遣他的兒子，為女子所生，且生在律法以下，要把律法以下的人贖出來，叫我們得著兒子的名分。你們既為兒子，上帝就差他兒子的靈進入你們的心，呼叫：「阿爸！父！」可見，從此以後，你不是奴僕，乃是兒子了；既是兒子，就靠著上帝為後嗣。（加四 4～7）

第 7 天

成為人的那一位

這位上帝是誰？這位上帝是成為人的那一位，就好像我們成為人一樣。祂完全是人。因此，沒有任何人類的事情是祂感到陌生的。我是人類，耶穌基督也是。關於耶穌基督這人類，我們說：這是上帝。這並不表示我們預先知道誰是上帝，也並不表示在「這人是上帝」作為人中，再加上任何東西。上帝和人類並不是透過自然的觀念而彼此相屬，這跟「這人是上帝」這句話的意思完全不同。人類的神性不是在耶穌基督的人類本性以外加上的東西。「這人是上帝」這句話是**來自上面的**，這句話適用於耶穌基督這個人，不加上甚麼，也不取走甚麼，而是將整個人界定為上帝……信心由耶穌基督這個人燃起……如果要將耶穌基督描述為上帝，我們不談及祂的全能和全知，而是談及祂的搖籃和十字架。沒有全能、全知的「神聖存有」。

聖誕節眼看就要到了，你卻不在，我們雖然分隔兩地，但卻緊密相偎，我的想念向著你，繼續跟隨你。我們會一起唱《平安歸與地上》（“Peace on Earth”），禱告和祈求，但我們更要讚美「榮耀至高上帝」！你看，這就是為你、為我、為我們大家的祈求，願我們的拯救從天上疾降，在聖誕夜最晦暗的時分，讓我們都能歡心雀躍。[7]

瑪莉亞給潘霍華的信

一九四三年十二月十日

當那些日子，凱撒奧古斯都有旨意下來，叫天下人民都報名上冊。這是居里扭作敘利亞巡撫的時候，頭一次行報名上冊的事。眾人各歸各城，報名上冊。約瑟也從加利利的拿撒勒城上猶太去，到了大衛的城，名叫伯利恒，因他本是大衛一族一家的人，要和他所聘之妻馬利亞一同報名上冊。那時馬利亞的身孕已經重了。他們在那裏的時候，馬利亞的產期到了，就生了頭胎的兒子，用布包起來，放在馬槽裏，因為客店裏沒有地方。（路二1～7）

聖誕節的十二天和
主顯節

12月25日

以上帝的憐憫而活
（聖誕節）

我們接近基督的馬槽，不能好像我們接近另一個孩童的搖籃那樣。我們去到祂的馬槽時，有些事情發生了，使我們不能再次離開它，除非我們受到審判或得到救贖。在這裏，我們必須或是崩潰，或是知道上帝指向我們的憐憫。

這是甚麼意思？這一切不是只是一種說話的方式嗎？它不是只是在牧養上誇大了的一個漂亮和敬虔的傳說嗎？有關於孩童基督的事情是甚麼意思？那些想以此為一種說話方式的人，就是會這樣做，並如以往一樣繼續歡慶將臨期和聖誕節，與異教徒一樣對此漠不關心。但對我們來說，那不單是一種說話方式。因為它是：是上帝自己，萬物的主和創造主，祂在這裏那麼微小，在這個隱藏在角落裏，祂進入世界的平凡，在孩童無助和不能防衛中與我們相遇，想與我們一起。祂這樣做，不是出於玩耍或娛樂。我們發現祂這樣做，是如此的動人。祂是為了讓我們看見祂在哪裏、祂是誰，並為了從這地方施行審判，貶低所有人類的野心，將這些野心從寶座上拉下來。

上帝在世界中的寶座不是在人類的寶座上，而是在人類的深處，在馬槽中。站在祂寶座周圍的，沒有奉承的家臣，而有黑暗、不可知、有問題的人物，這些人物是不能被這奇迹充滿，及完全根據上帝的憐憫而活的人。

「普世歡騰！」任何人感到這聲音陌生，或者只感受到微弱的熱情，都仍未真正聽到福音。為了人類，耶穌基督在伯利恆的馬槽中成為人：歡欣吧，基督教世界！為了罪人，耶穌基督成為稅吏和妓女的同伴：歡欣吧，基督教世界！為了被定罪的人，耶穌基督在各各他的十字架上被定罪：歡欣吧，基督教世界！為了我們所有人，耶穌基督復活了：歡欣吧，基督教世界！……今天，在全世界，人們都在問：通往喜樂的路在哪裏？基督教會高聲地回答：耶穌就是我們的喜

樂(彼前一7～9)！普世歡騰！

潘霍華

因此，你們是大有喜樂；但如今，在百般的試煉中暫時憂愁，叫你們的信心既被試驗，就比那被火試

驗仍然能壞的金子更顯寶貴，可以在耶穌基督顯現的時候得著稱讚、榮耀、尊貴。你們雖然沒有見過他，卻是愛他；如今雖不得看見，卻因信他就有說不出來、滿有榮光的大喜樂；並且得著你們信心的果效，就是靈魂的救恩。（彼前一6～9）

12 月 26 日

和平的偉大國度開始了

這個貧窮孩童的權柄會增長(賽九 7)。它會包含整個大地，無論知道與否，人類所有世代，直到時代終結，都要事奉它。它會是人們心裏之上的權威，寶座和偉大的國度也會隨著這權力變得強大或分崩離析。神聖的孩童對人心的神祕、不可見的權威，比地上統治者可見和耀目的權威有更牢固的基礎。最終地上所有權威都要事奉耶穌基督對人的權威。

隨著耶穌出生，和平的偉大國度開始了。耶穌真的成為人的主、和平掌權，這不是奇迹嗎？整個地上有一個基督教世界，在其中世界裏有和平，這不是奇迹嗎？只有在不容許耶穌統治時——容許人類的固執、反抗、憎恨和貪婪繼續時——才不會有和平。耶穌不想以武力建立祂那和平的國度，但人們願意順從祂，讓祂統治時，祂會將祂奇妙的和平賜給他們。

深沉、幽暗的夜，思緒遠走他方。此刻，一切喧囂、歡樂、燭光以及白天的激動與嘈雜都過了，轉趨寂靜，內在和外在，換作其他的聲響醒轉……冷冽的晚風和黑暗的神祕，能讓心懷敞開，讓難以置信，卻善良、帶來安慰的力量迸發……你相信另有一個比夜晚更適合兩兩對談的白天嗎？你看，這就是為甚麼，連基督都還在晚上降生，和祂的天使一起。[1]

瑪莉亞給潘霍華的信

一九四三年十二月二十五日

耶穌基督降生的事記在下面：他母親馬利亞已經許配了約瑟，還沒有迎娶，馬利亞就從聖靈懷了孕。她丈夫約瑟是個義人，不願意明明地羞辱她，想要暗暗地把她休了。正思念這事的時候，有主的使者向他夢中顯現，說：「大衛的子孫約瑟，不要怕！只管娶過你的妻子馬利亞來，因她所懷的孕是從聖靈來的。她將要生一個兒子，你要給他起名叫耶穌，因他要將自己的百姓從罪惡裏救出來。」這一切的事成就是要應驗主藉先知所說的話，說：

必有童女懷孕生子；
人要稱他的名為以馬內利。

（以馬內利翻出來就是「上帝與我們同在」。）約瑟醒了，起來，就遵著主使者的吩咐把妻子娶過來；只是沒有和她同房，等她生了兒子，就給他起名叫耶穌。（太一 18～25）

12月27日

在孩童軟弱的肩頭上

「政權必擔在他的肩頭上」(賽九6)。世界的政權要落在這新生孩童軟弱的肩頭上!有一件事是我們知道的:這兩個肩頭會背負整個世界的重擔。以十字架,這世界的所有罪和窘迫都會落在這兩個肩頭上。這政權在於那背負者不會被重壓壓倒,而會背負它到底。落在馬槽中的孩童肩頭上的政權,包括耐心地背負人們和他們的罪咎。不過,這背負始於馬槽;它始於上帝永恆的道,取得和背負人的肉身。全世界的政權始於孩童的卑微和軟弱⋯⋯祂接受和背負謙卑的、卑微的和罪人,但祂拒絕那驕傲的、傲慢的和正義的人,使他們成為無有(路一51～52)。

在監牢裏守聖誕節，對一個基督徒來説並非特別艱難的事。我敢説在監牢裏守聖誕節的人，比起許多在別地方，有名無實的人，更有意義，並且更加真誠。那些悲慘、痛苦、窮乏、孤單、無助以及過失，在上帝的眼中比在人類的眼中是有著大不相同的看法；上帝之所以降臨在人一向所厭惡的地方，基督之所以生在馬槽裏，因為客店沒有空房——一個囚犯對於這些意義是比任何人都更能了解的。這聖誕的故事對於他才真真正正是「大喜的信息」。[2]

潘霍華從泰格爾監獄寫給父母的信

一九四三年十二月十七日

你們當以基督耶穌的心為心：

　　他本有上帝的形像，

　　　　不以自己與上帝同等為強奪的；

　　反倒虛己，

　　　　取了奴僕的形像，

　　　　成為人的樣式；

既有人的樣子，就自己卑微，
　　存心順服，以至於死，
　　且死在十字架上。

所以，上帝將他升為至高，
　　又賜給他那超乎萬名之上的名，
叫一切在天上的、地上的，和地底下的，
　　因耶穌的名無不屈膝，
無不口稱「耶穌基督為主」，
　　使榮耀歸與父上帝。（腓二5～11）

12月28日

上帝在哪裏，那裏便有喜樂

「永樂必歸到他們的頭上。」（賽三十五10）自從古代開始，在基督教教會，漠然（*acedia*）——心靈的憂傷、屈從——便被視為不可饒恕的大罪。聖經這樣促請我們：「你們當樂意事奉耶和華。」（詩一〇〇2）為此，我們得到生命；為此，生命為我們支持到現在。沒有人可以奪去我們的喜樂，這不單屬於那些蒙召歸家的人的喜樂，也屬於我們這些仍然活著的人的喜樂。在這喜樂中，我們與他們合一，但不會在哀傷中。如果我們自己不是由勇氣和喜樂生出，我們怎能夠幫助那些沒有喜樂和勇氣的人？這裏指的不是一些製造出來或強迫的事情，而是一些已有和免費的東西。有上帝便有喜樂，喜樂從祂那裏賜下，抓著靈、魂和身體。這喜樂抓著一個人時，圍繞它本身並向外接觸，拉著其他人，從關上的門裏爆發出來。有一種喜樂是完全不知道心的痛苦、沮喪和焦慮的。但它不能持久，它只能麻木一時。上帝的喜樂經過馬槽的貧窮和十字架的沮喪，因此它是不能被打敗和不能被駁倒的。

對那些不熟悉修道歷史或中世紀文獻的人來說，「漠然」可能是一個陌生的詞語。但這並不表示它與當代讀者無關……我相信「漠然」的標準的辭典定義，例如「冷漠」、「沉悶」或「麻木」並不能表達它，雖然我們可能覺得把它當為我們現在稱為的抑鬱，這一個更原始的詞語是合宜的，但事實是「漠然」這詞比它更要複雜得多。經歷了上述的兩種情況，我認為今天侵襲我們的那些不安的沉悶、瘋狂的逃避、委身的恐懼和無力的絕望，大部分都是漠然這古老的惡魔穿著現代的服飾。[3]

諾瑞詩（Kathleen Norris）

《漠然和我：婚姻、修士和作者的生命》

（*Acedia & Me: A Marriage, Monks, and a Writer's Life*）

普天下當向耶和華歡呼！
　　你們當樂意事奉耶和華，
　　當來向他歌唱！

你們當曉得耶和華是上帝！
　　我們是他造的，也是屬他的；
　　我們是他的民，也是他草場的羊。

當稱謝進入他的門；
　　當讚美進入他的院。
　　當感謝他，稱頌他的名！

因為耶和華本為善。
　　他的慈愛存到永遠；
　　他的信實直到萬代。（詩一○○篇）

12月29日

永在的父及和平之君

「永在的父」（賽九6）——這怎能成為那孩童的名字？只是因為在這孩童裏面，顯明了上帝永在的父的愛，及孩童只想將父的愛帶到地上。因此子是與父一起的，誰看見子便看見父。這孩童自己甚麼也不要。祂不是人類意義上的浪子，而是祂天上的父的順服孩子。祂在時間中出生，祂將永恆帶到地上；身為上帝的兒子，祂帶給我們所有人天上的父的愛。去，尋找，在馬槽中找到天上的父，祂在這裏也成了你們親愛的父。

「和平之君」——上帝在愛中來到人類這裏，與他們聯合，上帝和人之間，以及人和人之間便有和平。你害怕上帝的憤怒嗎？那你便去到馬槽中的孩童那裏，在那裏接受上帝的和平吧。你與姊妹或兄弟落入爭鬥和憎恨嗎？來看上帝怎樣出於純粹的愛，成為我們的兄弟，想我們彼此和好吧。在世上，權力統治一切。這孩童是和平之君。在祂那裏，和平便統治一切。

在我們生命中，我們不樂意談論勝利。這個詞語對我們實在太大了。我們生命中有太多失敗；太多軟弱的時候，太多重大的罪，一再令「勝利」受挫。但我們裏面的靈不是渴望這個詞語嗎？我們裏面的靈不是渴望的最後勝過我們生命中的罪和對死的焦慮的恐懼嗎？現在上帝的話也不對我們説任何關於我們的勝利的話；它沒有應許我們會從現在開始勝過罪和死亡；祂以祂的一切大能説，有人贏得這勝利，如果我們以這人為主，祂也會為我們贏得勝利。不是我們得勝，而是耶穌。[4]

〈得勝的基督〉(Christus Victor)演説

一九三九年十一月二十六日

當那天晚上，耶穌對門徒説：「我們渡到那邊去

吧。」門徒離開眾人，耶穌仍在船上，他們就把他一同帶去；也有別的船和他同行。忽然起了暴風，波浪打入船內，甚至船要滿了水。耶穌在船尾上，枕著枕頭睡覺。門徒叫醒了他，說：「夫子！我們喪命，你不顧嗎？」耶穌醒了，斥責風，向海說：「住了吧！靜了

吧！」風就止住，大大地平靜了。耶穌對他們說：「為甚麼膽怯？你們還沒有信心嗎？」他們就大大地懼怕，彼此說：「這到底是誰，連風和海也聽從他了。」（可四 35～41）

12月30日

我站在祢的搖籃旁邊

有一節詩在我腦海裏不斷地出現：「兄弟，來吧；從一切令人傷心的東西來吧／你得自由了；／你需要的一切／我會再帶給你」。「你需要的一切／我會再帶給你」是甚麼意思？甚麼都沒有失去；可以肯定的是，在基督裏一切都得到提升、保存，以不同的形式——透明、清晰，脫離自私的慾望的折磨。基督會再帶來這一切，正如上帝原本的意圖那樣，沒有由我們的罪引致的扭曲。以弗所書一章10節關於萬物同歸於一的教導，是了不起和給人很大安慰的觀念。在這裏實現了「上帝使已過的事重新再來」（傳三15）。沒有人好像格哈特（Paul Gerhardt）以這樣簡單和童真的話表達，他讓孩童基督說：「你需要的一切我會再帶給你。」而且，在這些日子，我自己第一次發現這首歌：「在祢的搖籃旁邊，我站著。」在這之前，我是沒有怎樣想過。很明顯，你要長久地獨自一人，默想地閱讀這話，才能夠明白它……除了「我們」外，還有「我」和基督，這是甚麼意思，沒有比這首歌說得更好的了。

上帝的兒子道成肉身，純然是出於恩典，因為祂真真正正地，有形有體地取了我們原有的樣式和本性，並接納了我們。這是三位一體上帝永恆的天機。現在我們是在祂裏面。無論祂在哪裏，祂都披戴我們的肉體，也肩負著我們。無論祂在哪裏，或是在道成肉身中，或是在十字架上，或是在復活中，我們也是在那裏。我們是屬於祂的，因為我們是在祂裏面。因此，聖經稱我是基督的身體。[5]

潘霍華

叫我們知道他旨意的奧祕，要照所安排的，在日期滿足的時候，使天上、地上、一切所有的都在基督裏面同歸於一。我們也在他裏面得了基業；這原是那

位隨己意行、做萬事的，照著他旨意所預定的，叫他的榮耀從我們這首先在基督裏有盼望的人可以得著稱讚。（弗一9下～12）

12月31日

信心是喜樂的確定

根據上帝與我們開始在一起的基礎，這是已經發生了的事，我們與上帝的生命是一條小徑，在上帝的律法中走。這是人在律法下受奴役嗎？不，這是脫離那殺人的律法那持續不斷的開端。我們日復一日地等候新的開始，無數次，我們以為已經找到了它，可是在晚上卻再次失落放棄——那是完全破壞對定下開端的上帝的信心……上帝定下了開端：這就是信心喜樂的確定。因此，在上帝那「一個」開端旁邊，我不應該嘗試自行定下無數其他開端。我現在正是從這中間得釋放。那開端——上帝的開端——一次過在我後面……我們一起走上那路徑，它的開端包含著上帝找到祂自己的百姓這事實，這條路徑的結束只能夠包含著上帝再次尋找我們這事實。在這開端和這結束之間的路徑是我們走在上帝的律法中。那是在上帝的道的眾多方面之下的生命。這條路徑上實際上只有一個危險，就是我們想去到那開端後面。在那一刻，這路徑不再是恩典和信心的路。它不再是上帝自己的路。

我相信上帝可以，也會從邪惡中帶出良善，甚至是從最大的邪惡中帶出良善。為了這個目的，祂需要最善用一切的人。我相信上帝會給我們需要的一切力量，幫助我們在絕望時進行抵抗。但祂從不預先賜下，以免我們倚靠自己，而不是惟獨倚靠祂。這樣信心能消除我們對未來的一切恐懼。我相信，即使我們的錯誤和缺點也會變成好事，上帝對付它們，並不比處理我們假設的好行為更困難。我相信上帝是那永恆的命運，祂等候並回答真誠的禱告和負責任的行動。[6]

〈十年後：在一九四三年新年的總結〉

(“After Ten Years: A Reckoning Made at New Year 1943”)

我們曉得萬事都互相效力，叫愛上帝的人得益

處，就是按他旨意被召的人。因為他預先所知道的人，就預先定下效法他兒子的模樣，使他兒子在許多弟兄中作長子。預先所定下的人又召他們來；所召來的人又稱他們為義；所稱為義的人又叫他們得榮耀。（羅八 28 ～ 30）

1月1日

在新一年的開始

「通往地獄的道路，往往是由善意所鋪成。」這句話在很多地方都可以找到，它並不是源自根深柢固而刺耳的世俗智慧。相反，它顯示深刻的基督教洞見。在新一年的開始時，很多人都列出一連串壞事，決定從現在開始——已經有多少這種「從現在開始」——以更好的意圖開始，但卻仍然困在自己的不信中間。他們相信良好意圖已經表示一個新的開始；他們相信自己可以，在自己希望的時間裏有新的開始。但這是邪惡的幻象：只有上帝可以在上帝喜歡時與人有新的開始，但人卻不能與上帝有新的開始。因此，人完全不能有新的開始；他們只能祈求有新的開始。那裏的人根據自己的方法而生活時，這只有古老，只有過去。只有上帝所在之處，才能夠有新的開始。我們不能命令上帝賜下它；我們只能夠向上帝祈求它。只有在我們發現我們甚麼也不能做，我們到達自己的限制，必須由別人帶來那新開始時，我們才能夠祈求它。

倘若我們還能存活，必將清楚看出這一切的事情都將變成最有益處的。這種認為我們若冷靜些就可避免許多生命的艱難的看法，有時是不能認真看待的。當我回顧你的以往時，我敢確定每件事都是有益處的，憑著這理由，我們可同樣的希望現在所到的，對你的將來也必會有好處。為著避免一時的痛苦而摒棄完整的生命以及其中一切的樂趣，不但是不合基督的道理，也是非人性的。[7]

潘霍華從泰格爾監獄寫給
雷娜特(Renate)和貝特格的信
一九四四年一月二十三日

所以，我們從今以後，不憑著外貌認人了。雖然憑著外貌認過基督，如今卻不再這樣認他了。若

有人在基督裏，他就是新造的人，舊事已過，都變成新的了。（林後五16～17）

1月2日

不要為明天憂慮

財產令人心相信它們能夠令人的存在有保障和沒有擔憂，但事實上，財產是擔憂的成因。當心專注於財產，擔憂便成那令人窒息的重擔。擔憂引致財寶的出現，財寶又反過來引向擔憂。我們想透過財產保障自己的生命；透過擔憂，我們想變得沒有擔憂，但事實卻剛好相反。把我們與財產捆綁在一起的束縛，令我們緊抓財產的，本身就是擔憂。誤用財產包括用它們作為明天的保障。擔憂總是指向明天。不過，在最嚴格的意義上，財產只是為了今天。正是為了保障明天，令我今天那麼沒有保障。「一天的難處一天當就夠了。」（太六34下）只有那些將明天放在上帝手中，接受今天所需的人才真正有保障。每天接受，釋放我們迎接明天。思慮到明天令我們有無盡擔憂。

~

我一再經驗到，周圍愈靜謐，愈清楚感覺到我與你們相連，彷若心靈在孤寂中漸成身形，此身平時我們幾乎不認得。因此我無時無刻感覺孤單、遭棄，你、爸媽、你們大家，沙場上的好友和學生們，對我來說，你們全都在當下……你不可以以為我不幸，甚麼叫幸與不幸？這與外在事態沒甚麼關係，有關係的只是在人心中發生的。[8]

潘霍華寫給未婚妻瑪莉亞最後一封聖誕節的信

一九四四年十二月十九日

~

所以，不要憂慮說，吃甚麼？喝甚麼？穿甚麼？這都是外邦人所求的。你們需用的這一切東西，你們的天父是知道的。你們要先求他的國和他的義，這些東西都要加給你們了。

所以，不要為明天憂慮，因為明天自有明天的憂慮；一天的難處一天當就夠了。（太六 31 ～ 34）

1月3日

每天必須的練習

為甚麼我的思想那麼快轉離上帝的話，在我需要的時候，需要的話往往不在？我會忘記吃喝和睡覺嗎？那麼，為甚麼我卻會忘記上帝的話？由於我仍然不能說詩人所說的話：「我要在你的律例中自樂。」(詩一一九 16) 我不會忘記令我感到喜悅的事情。忘記或不忘記，不是思想的事情，而是整個人的事情，是內心的事情。我永不忘記身體和靈魂倚靠的東西。我愈開始愛上帝在創造和言語中的誡命，它們在每一刻便會更與我同在。只有愛可以提防忘記。

由於上帝的話在歷史中，因而也在過去向我們說話，我們對學到的事情的記憶和複述，是我們每天必須的練習。我們每天都必須再轉向上帝的拯救行動，讓我們可以再次前進……信心和順服倚靠記憶和複述。記憶變成現在的力量，因為永活的上帝曾經為我行動，今天也提醒我記起那點。

在默想中，我們是根據上帝的應許，讀所選的經文，相信這段經文無論對我們個人今天生活，還是我們作為信徒整體，都有特別體己的意義，同時，不獨有為會眾而設，也有為我個人而設的聖道。既然是這樣，我們就置身於個別的字句中，直至這些字句向我們單獨説話為止。我們這樣做，不必矯揉造作，只要像完全未受啟迪的、最單純的信徒每天所做的，即將上帝的道當作上帝向我們所説的話便可以了。[9]

潘霍華

《團契生活》(*Life Together*)

我將你的話藏在心裏，
　　免得我得罪你。
耶和華啊，你是應當稱頌的！
　　求你將你的律例教訓我！

我用嘴唇傳揚你口中的一切典章。
我喜悅你的法度，
　　如同喜悅一切的財物。
我要默想你的訓詞，
　　看重你的道路。
我要在你的律例中自樂；
　　我不忘記你的話。

求你用厚恩待你的僕人，使我存活，
　　我就遵守你的話。
求你開我的眼睛，
　　使我看出你律法中的奇妙。（詩一一九 11～18）

1月4日

凡事都有定期

對於那些找到並感謝上帝給他們地上的幸福的人，上帝會給他們時間，讓他們記得地上一切都只是短暫的，該將心寄託在永恆才是好的……凡事都有定期，主要的事情是與上帝保持步伐一致，不急於走在前面，也不落後。一次過想得到一切，會是過度的焦慮。「凡事都有定期……哭有時，笑有時……懷抱有時，不懷抱有時……撕裂有時，縫補有時……」（傳三1上、4上、5下、7上），「並且上帝使已過的事重新再來」（三15下）。這最後一部分的意思是指過去的一切都沒有失去，上帝與我們一起再次尋找屬於我們的過去。因此當我們所渴求的已發生事情突然再次臨到我們時——而這在完全不能預計時發生——我們可以知道，這只是上帝給我們的眾多「時間」的其中一個。那時，我們不應該自己行動，而應該再次與上帝一起尋找過去。

親愛的媽媽：我想你知道，我每天不斷地想著你和爸爸，我為你們對我和整個家庭的一切而感謝上帝。我知道你總是為我們而活，沒有過你自己的生活……為你過去一年來到監獄中，給我的所有愛而感謝你，令我每一天都過得較容易。我認為這艱難的幾年令我們比以前更親近。我祝願你、爸爸、瑪莉亞和我們所有人，新年至少可以讓我們偶然一瞥光明，我們可以再有機會一起。願上帝保守你們兩人安好。[10]

潘霍華從獄中給母親的生日信件

一九四四年十二月二十八日

凡事都有定期，

　　天下萬務都有定時。

生有時，死有時；

　　栽種有時，拔出所栽種的也有時；

殺戮有時，醫治有時；
　　拆毀有時，建造有時；
哭有時，笑有時；
　　哀慟有時，跳舞有時；
拋擲石頭有時，堆聚石頭有時；
　　懷抱有時，不懷抱有時；
尋找有時，失落有時；
　　保守有時，捨棄有時；
撕裂有時，縫補有時；
　　靜默有時，言語有時；
喜愛有時，恨惡有時；
　　爭戰有時，和好有時。（傳三 1～8）

1月5日

每天早上祂都喚醒我

每天早上都是我們生命的新開始。每天都是一個完整的整體。現在的一天應該是我們關心和努力的界限（太六34；雅四14）。它長得足以讓我們找到上帝或失去上帝，持守信仰或落入罪和羞恥中。上帝創造日和夜，讓我們不會無限制地遊蕩，但在早上，我們已經可以看到面前黃昏的目標。隨著舊的太陽在每新的一天升起，上帝永恆的憐憫在每早晨都是新的（哀三22～23）。每早晨重新掌握上帝古老的信實，能夠——在生命中間——每天與上帝開始新生命，那是上帝在每個新的早晨賜下的恩賜……

因為主喚醒我，所以我不害怕那一天，不害怕我需要實行的工作的重擔。上帝的僕人這樣說：「主每早晨提醒，提醒我的耳朵，使我能聽，像受教者一樣」

（賽五十 4 下）。上帝想打開內心，才讓內心向世界開放；在耳朵聽到那天無數的聲音前，最初的幾小時是聆聽創造主和救贖主的時間。上帝為自己創造清晨的寧靜。它應該屬於上帝。

代禱其實是上帝賜給每個信徒團契和每一個信徒的恩典。因為代禱是上帝賜給人極大的禮，我們應該欣然領受。代禱的時刻，是我們每天在上帝裏面、在眾弟兄姊妹當中找到新的快樂的泉源……對大多數的人來說，清晨是最好的時刻。我們甚至有權利要求把這個時間放在別人的請求之上，而且可以不管有甚麼外在的困難，都要堅持有一個完全不受干擾的安靜時刻。[11]

潘霍華

《團契生活》

主耶和華賜我受教者的舌頭，

使我知道怎樣用言語扶助疲乏的人。

主每早晨提醒，

　提醒我的耳朵，

　使我能聽，像受教者一樣。（賽五十4）

1月6日

主顯節

圍繞主顯節那奇怪的不確定，和這節期同樣古老。我們知道在那遙遠，還沒有慶祝聖誕節以前，主顯節是東西方教會最重要的節期。我們並不清楚它的來源，但可以肯定，自古代開始，這天已經令人想起四件不同的事情：基督的出生、基督的受洗、迦拿的婚宴和東方博士的到來……無論怎樣，由四世紀開始，教會便將基督的出生排除在主顯節以外……將基督的出生從祂洗禮的一天移去，有重大的意義。在東方的諾斯底（gnostic）和異端圈子中，出現了一個觀念，認為洗禮那天實際上是基督成為上帝兒子的一天……但這可能有一個危險的錯誤，就是誤解了上帝的道成肉身……如果上帝直到耶穌受洗時才接受祂為兒子，我們便得不到救贖。但如果耶穌是上帝的兒子，從懷胎和出生便取得我們的血肉，那麼，只有那時，祂才是真人和真神；只有那時，祂才能夠幫助我們；因為那時，我們「得救的時辰」真的來自祂的出生；基督的出生是所有人的拯救。

今天你會受洗成為基督徒。基督徒的宣告——所有偉大古老的話也會對你說出，耶穌基督關於洗禮的命令會在你身上實行，而你一無所知。但我們再次回到我們理解的開始。和好及救贖，重生和聖靈，愛仇敵，十字架和復活，在基督裏的生命和基督的門徒身分。[12]

〈對迪特里希．貝特格受洗的思想〉

("Thoughts on the Baptism of Dietrich Wilhelm Rüdiger Bethge")

一九四四年五月

他們聽見王的話就去了。在東方所看見的那星忽然在他們前頭行，直行到小孩子的地方，就在上頭停

住了。他們看見那星，就大大地歡喜；進了房子，看見小孩子和他母親馬利亞，就俯伏拜那小孩子，揭開寶盒，拿黃金、乳香、沒藥為禮物獻給他。博士因為在夢中被主指示不要回去見希律，就從別的路回本地去了。（太二 9～12）

註釋

英文版編者序

1. Stephen R. Haynes and Lori Brandt Hale, *Bonhoeffer for Armchair Theologians*（Louisville, KY.: Westminster John Knox Press, 2009）. 尤參頁 132 ～ 133 和 77 ～ 78。
2. Eberhard Bethge, *Dietrich Bonhoeffer: A Biography,* rev. ed.（Minneapolis, MN: Fortress Press, 2000）, 260.
3. Letter from Dietrich Bonhoeffer to Eberhard Bethge, November 21, 1943, in *Letters and Papers from Prison: New Greatly Enlarged Edition,* ed. Eberhard Bethge（New York, NY: Touchstone, 1997）, 135；中文譯本參潘霍華（Dietrich Bonhoeffer）：《獄中書簡》，許碧端譯（香港：文藝，1969），頁 75。（承蒙基督教文藝出版社允准轉載）
4. Haynes and Hale, *Bonhoeffer for Armchair Theologians,* 70 ～ 76.

將臨期第一週　等候

1. Dietrich Bonhoeffer, *Dietrich Bonhoeffer's Christmas Sermons,* ed. and trans. Edwin Robertson（Grand Rapids, MI: Zondervan, 2005）, 171 ～ 172.
2. Ruth-Alice von Bismarck and Ulrich Kabitz, *Love Letters from Cell 92: The*

Correspondence between Dietrich Bonhoeffer and Maria von Wedemeyer, 1943 ~ 45（Nashville, TN: Abingdon Press, 1992）, 133；中文譯本參露絲 · 愛麗絲 · 封 · 俾斯麥（Ruth-Alice von Bismarck）編著：《潘霍華獄中情書》，莊郁馨譯（台北：校園書房，2006 年），頁 156 ~ 157。（承蒙校園書房出版社允准轉載）

3. 封 · 俾斯麥：《潘霍華獄中情書》，頁 149。
4. Dietrich Bonhoeffer, "The Coming of Jesus in Our Midst," in *Watch for the Light: Readings for Advent and Christmas*（Maryknoll, NY: Orbis Books, 2001）, 205.
5. Dietrich Bonhoeffer, *I Want to Live These Days with You*（Louisville, KY: Westminster John Knox Press, 2007）, 369.
6. 潘霍華：《獄中書簡》，頁 75。
7. Bonhoeffer, *I Want to Live These Days with You*, 366.

將臨期第二週　奧祕

1. Bonhoeffer, *I Want to Live These Days with You*, 152.
2. 封 · 俾斯麥：《潘霍華獄中情書》，頁 162。
3. Bonhoeffer, *I Want to Live These Days with You*, 149.
4. Brennan Manning, *The Ragamuffin Gospel Visual Edition*（Sisters, OR: Multnomah Publishers, 2005）, n.p..
5. Bonhoeffer, *I Want to Live These Days with You*, 377.
6. Eugene Peterson, "Introduction," in *God with Us: Rediscovering the Meaning of Christmas*, ed. Greg Pennoyer and Gregory Wolfe（Brewster, MA: Paraclete Press, 2007）, 1.
7. Scott Cairns, *God with Us*, 57.

將臨期第三週　救贖

1. Dietrich Bonhoeffer, *A Testament to Freedom: The Essential Writings of Dietrich Bonhoeffer*, ed. Geffrey B. Kelly and F. Burton Nelson（San Francisco, CA: HarperOne, 1990, 1995）, 217.
2. Bonhoeffer, *Dietrich Bonhoeffer's Christmas Sermons*, 22～23.
3. Bonhoeffer, *Dietrich Bonhoeffer's Christmas Sermons*, 103～104.
4. Bonhoeffer, *Testament to Freedom*, 223.
5. Bonhoeffer, *Letters and Papers from Prison*, 323.
6. Bonhoeffer, *Testament to Freedom*, 185～186.
7. Bonhoeffer, *Testament to Freedom*, 218.

將臨期第四週　道成肉身

1. Bonhoeffer, *Dietrich Bonhoeffer's Christmas Sermons*, 151. 到了一九四〇年的聖誕節，納粹黨已經禁止潘霍華公開講道。這引文來自他寫的一篇聖誕講章，這講章以印刷形式流通。
2. Frederica Mathewes-Green, *At the Corner of East and Now: A Modern Life in Ancient Christian Orthodoxy*（New York, NY: Penguin Putnam, 1999）, posted online at http://www.frederica.com/east-now-excerpt-1/.
3. Bonhoeffer, *Dietrich Bonhoeffer's Christmas Sermons*, 38～39.
4. Bonhoeffer, *Dietrich Bonhoeffer's Christmas Sermons*, 151～152.
5. Bonhoeffer, *Dietrich Bonhoeffer's Christmas Sermons*, 37.
6. Luci Shaw, *God with Us*, 77～78.
7. 封·俾斯麥：《潘霍華獄中情書》，頁 155～156。

聖誕節的十二天和主顯節

1. 封·俾斯麥：《潘霍華獄中情書》，頁 168～169。

2. 潘霍華：《獄中書簡》，頁 61。
3. Kathleen Norris, *Acedia & Me: A Marriage, Monks, and a Writer's Life*（New York, NY: Riverhead, 2008）, 2 ～ 3.
4. Dietrich Bonhoeffer: *Writings Selected with an Introduction by Robert Coles*（Maryknoll, NY: Orbis Books, 1998）, 88.
5. Dietrich Bonhoeffer, *Life Together: The Classic Exploration of Christian Community*（New York, NY: Harper, 1954）, 24；中文譯本參潘霍華：《團契生活》，鄧肇明譯（香港：文藝，1999），頁 10。（承蒙基督教文藝出版社允准轉載）
6. 於 Dietrich Bonhoeffer, *Writings*, 111 ～ 112。這新年的默想是潘霍華在一九四三年寫成，在他的朋友和一起對抗希特勒（Adolf Hitler）的人中間以小規模的方式流通，在他死後才出版。
7. 潘霍華：《獄中書簡》，頁 99 ～ 100。
8. 潘霍華：《獄中書簡》，頁 311。
9. 潘霍華：《團契生活》，頁 85。
10. Dietrich Bonhoeffer, *Writings*, 126 ～ 127.
11. 潘霍華：《團契生活》，頁 91 ～ 92。
12. Bonhoeffer, *Testament to Freedom*, 504 ～ 505.

經文索引

申命記

三十二48～52……84

詩篇

三十一13～16……24～25
三十一15……22
六十二5～8……19～20
一〇〇篇……114～115
一〇〇2……112
一一九11～18……135～136
一一九16……134

傳道書

三1上、4上、5下、7上……138
三1～8……139～140
三15……120
三15下……138

以賽亞書

一18……61
九6……88, 90, 92, 108, 116
九6～7……14, 15～16
九7……104
十一1～4上……6
三十五10……112
四十18、21～23……51～52
五十4……143～144
五十4下……142

耶利米哀歌

三22～23……142

馬太福音

一18～25……105～107
二9～12……147～148
四17……75
五22……38
六31～34……133
六34……142
六34下……132
八23～27……71, 72

九2……38
十九16～19……59
十九17……58

馬可福音

四35～41……117～119

路加福音

一26～33……85～86
一46～55……43～45
一51～52……108
二1～7……95～96
二8～14……13
二15～20……15, 47～48
六20～26……9～10
二十一28……62, 64

約翰福音

一1～5……79
一14……91, 92
三16～21……68～69

羅馬書

八28～30……125～126
八31～34……89

哥林多前書

一23～25……40
二8～10……35～36
二9……35
十三11～12……82

哥林多後書

五10……57
五16～17……129～130

加拉太書

四4～7……93

以弗所書

一9下～12……121～122
一10……120

腓立比書

一3～14……31～33
二5～11……109～110

歌羅西書

二2～3……29

雅各書

四14……142

彼得前書

一6～9……102～103
一7～9……102

啟示錄

三20……2, 3
二十一5……3